中国文化知识读本

Zhongguo Wenhua
Zhishi Duben

主编　金开诚

编著　陈长文

北海　恭王府花园　景山

吉林出版集团有限责任公司

吉林文史出版社

图书在版编目（CIP）数据

北海、恭王府花园、景山 / 陈长文编著 .—长春：
吉林出版集团有限责任公司：吉林文史出版社，2009.12（2022.1 重印）
（中国文化知识读本）
ISBN 978-7-5463-1941-4

Ⅰ.①北… Ⅱ.①陈… Ⅲ.①北海公园 – 简介②古建
筑 – 简介 – 北京市③宫苑 – 简介 – 北京市 Ⅳ.
① K928.701

中国版本图书馆 CIP 数据核字（2009）第 237130 号

北海　恭王府花园　景山

BEIHAI GONGWANGFUHUAYUAN JINGSHAN

主编/ 金开诚 编著/陈长文

责任编辑/曹恒　崔博华 责任校对/王新

装帧设计/曹恒 摄影/金诚 图片整理/王贝尔

出版发行/吉林文史出版社 吉林出版集团有限责任公司

地址/长春市人民大街4646号 邮编/130021

电话/0431-86037503 传真/0431-86037589

印刷/三河市金兆印刷装订有限公司

版次/2009 年 12 月第 1 版 2022 年 1 月第 4 次印刷

开本/650mm×960mm 1/16

印张/8 字数/30千

书号/ISBN 978-7-5463-1941-4

定价/34.80元

关于《中国文化知识读本》

　　文化是一种社会现象，是人类物质文明和精神文明有机融合的产物；同时又是一种历史现象，是社会的历史沉积。当今世界，随着经济全球化进程的加快，人们也越来越重视本民族的文化。我们只有加强对本民族文化的继承和创新，才能更好地弘扬民族精神，增强民族凝聚力。历史经验告诉我们，任何一个民族要想屹立于世界民族之林，必须具有自尊、自信、自强的民族意识。文化是维系一个民族生存和发展的强大动力。一个民族的存在依赖文化，文化的解体就是一个民族的消亡。

　　随着我国综合国力的日益强大，广大民众对重塑民族自尊心和自豪感的愿望日益迫切。作为民族大家庭中的一员，将源远流长、博大精深的中国文化继承并传播给广大群众，特别是青年一代，是我们出版人义不容辞的责任。

　　《中国文化知识读本》是由吉林出版集团有限责任公司和吉林文史出版社组织国内知名专家学者编写的一套旨在传播中华五千年优秀传统文化，提高全民文化修养的大型知识读本。该书在深入挖掘和整理中华优秀传统文化成果的同时，结合社会发展，注入了时代精神。书中优美生动的文字、简明通俗的语言、图文并茂的形式，把中国文化中的物态文化、制度文化、行为文化、精神文化等知识要点全面展示给读者。点点滴滴的文化知识仿佛繁星，组成了灿烂辉煌的中国文化的天穹。

　　希望本书能为弘扬中华五千年优秀传统文化、增强各民族团结、构建社会主义和谐社会尽一份绵薄之力，也坚信我们的中华民族一定能够早日实现伟大复兴！

目录

一、北海公园简介

北海公园大门

北海公园位于北京市中心,东邻故宫、景山,南临中海、南海,西连隆福宫、兴圣宫,北接什刹海。其中,中海、南海与北海合称为"三海",而北海以其优美的风景位于"三海"之首。北海公园以北海为中心,面积约71公顷,水面约占583亩,陆地约占480亩。北海公园是我国现存最古老、最完整、最具综合性和代表性的皇家园林之一。

北海公园的开发最早是在辽代,它最初为辽、金、元时期所建的离宫,明、清时期被辟为帝王御苑,距今已有近千年的历史。金代又在辽代初创的基础上于大定十九年（1179年）建成规模宏伟的太宁宫。太宁宫是按照我国皇家园林传统的"一池三山"的规制来建造的，并将北宋汴京艮岳御园中的太湖石移置于琼华岛上。至元代至元四年（1267年），元世祖忽必烈以太宁宫琼华岛为中心营建大都，琼华岛及其周围的湖泊被划入皇城，分别赐名为万寿山、太液池。永乐十八年（1420年），明朝正式迁都北京，万寿山、太液池也因此成为紫禁城西面的御苑，通称西苑。明代向南开拓水面，形成三海的格局。清朝承袭明代的西苑，乾隆时期对北海进行大

北海公园风景

北海公园简介

琼华岛上树木苍郁，白
塔耸立山巅

规模的改建，奠定了此后的规模和格局。

北海园林是中国古代园林艺术的杰作。全园占地69公顷（其中水面39公顷），主要由琼华岛、东岸、北岸景区组成。琼华岛上树木苍郁，殿宇栉比，亭台楼阁，错落有致，白塔耸立山巅，成为公园的标志，环湖垂柳掩映着濠濮间、画舫斋、静心斋、天王殿、快雪堂、九龙壁、五龙亭、小西天等众多著名景点。北海继承了中国历代的造园传统，博采各地造园技艺之所长，既有北方园林的宏阔气势和江南私家园林婉约多姿的风韵，也兼有帝王宫苑的富丽堂皇及宗教寺院的庄严肃穆，气象万千而又浑然一体，不愧是中国园林艺

术界的瑰宝。

1925 年北海被辟为公园对外开放。1949 年新中国成立后，党和政府非常重视对北海公园的保护，曾经拨出巨额资金予以修葺。1961 年被国务院公布为第一批全国重点文物保护单位。

（一）历史沿革

北海近一千年的历史和北京城的发展历史是紧密联系在一起的。最初这里是永定河故道，河道自然南迁后留下一片原野和池塘。辽太宗耶律德光在会同元年（938 年）建都燕京后，就在城东北郊"白莲潭"（即北海）建"瑶屿行宫"，在岛顶建"广寒殿"等。《辽史》记载："西城巅有凉

北海公园牌坊

北海、恭王府花园、景山

殿（即广寒殿），东北隅有燕角楼、坊市、观，盖不胜书。"《洪武北平图经》记："琼华岛辽时为瑶屿。"以上史实均可说明"瑶屿行宫"的存在。

金灭辽后，改燕京为"中都"。金海陵王完颜亮天德二年（1150年）扩建"瑶屿行宫"，增建了"瑶光殿"。金大定三年至十九年（1163—1179年）金世宗仿照了北宋汴梁（今河南开封）艮岳园，建琼华岛，并从"艮岳"御苑运来大量太湖石砌成假山岩洞，在中都的东北郊以瑶屿（即北海）为中心，修建太宁离宫。从那时起，北海就基本形成了今天皇家宫苑格局。当时把挖"金海"的土扩充成岛屿和环海的小山，岛称"琼华岛"，水称"西华潭"，并重修"广寒殿"等建筑。

元世祖忽必烈像

1264年，元世祖忽必烈决定在旧中都城东北郊选择新址，营建大都。至元元年到至元八年（1264—1271年），忽必烈三次扩建琼华岛，重建广寒殿。广寒殿东西宽120尺，深62尺，高50尺，殿广7间，作为帝王朝会之处。殿中放置"渎山大玉海"（今北海团城内的大玉瓮），建"玉殿"放"五山珍玉榻"，并建有一座玉制假山，

北海公园一景

殿顶悬挂玉制响铁，殿内另有两个小石笋，各有龙头，喷吐着从山后用水车提上来的湖水。可见当时的广寒殿宏伟浩大，构思巧妙，奢华无比。至元八年（1271 年），琼华岛改称"万寿山"（又称"万岁山"）。以琼华岛为中心，又在湖的东西两岸营建宫殿，将北海建成一个颇有气派的皇家御园。

明永乐十八年（1420 年）明朝正式迁都北京。明朝在元朝的基础上，对北海又加以扩充、修葺，但基本上保持了元代北海的格局。到了明代宣德年间，宣宗朱瞻基（1426—1435 年）对"万岁山"进行大规模的扩建和修缮。在圆坻（今团城）

修复了仪天殿，在圆坻南面小岛上建起了犀山抬圆殿，在团城的东部拆桥填土，将其与陆地相连。明天顺二年（1458 年），在北海北岸（现五龙亭处）建"太素殿"，由于用锡做材料，又称为"锡殿"，也叫"避暑凉殿"。修建此殿役使工匠 3000 余人，用白银 20 万两。在东岸建"凝和殿"；在西岸建"迎翠殿"；把团城西面的八孔中断的石桥（原断部有吊桥）改为九孔石桥，称为"金鳌玉桥"；在新开挖的南海瀛台上建"昭和殿"等建筑。

明万历七年（1579 年），"万岁山"上历经四朝六百余年风雨战乱的广寒殿坍毁，人间天宫主景建筑从此化为乌有，成

北海公园牌楼

为千古憾事。

1644 年，李自成攻进北京，崇祯皇帝自缢，明朝覆灭，清军入关，巧得天下，建都于京。1651 年，为民族和睦，清世祖福临根据西藏喇嘛恼木汗的请求，在广寒殿的废址上建藏式白塔，在塔前建"白塔寺"（正觉殿为山门）。因为岛上建起了喇嘛佛塔，山名也就改称为"白塔山"了。清高宗弘历乾隆六年至三十六年（1741—1771 年），对北海进行了大规模的修葺和增建，前后连续施工三十年之久，建起了许多亭、台、殿、阁。清乾隆自谓"园林之乐，不能忘怀"，于是把江南园林的精华、文人写意、山水园林引进皇家宫苑，先后建成北海的静心斋、画舫斋、濠濮间等"园中之园"。晚清时期，光绪十一年至十四年（1885—1888年）那拉氏（慈禧）用海军经费重修"三海"建筑，在西岸和北岸沿湖铺设了中国第一条铁路，在静心斋前修建小火车站，供慈禧乘小火车来园游宴。清光绪二十六年（1900年），八国联军侵入北京，北海惨遭践踏。北岸的澄观堂设立了联军司令部，万佛楼的一万多个金佛及园内其他宝物被洗劫一空。

辛亥革命推翻清王朝后，北海闭园十余年，园林建筑略经修缮后，于1925年8月1日才正式开放为公园。1949年中华人

北海公园一景

北海公园简介

民和国成立后，疏浚了湖泊，维修了古建筑，铺设甬道，增设了公共服务设施，使古老的北海焕然一新。

（二）布局规划

北海公园位于北京城的中心区，主要由北海湖和琼华岛所组成。面积69公顷，其中陆地为30公顷。琼华岛临水而立，挺拔秀丽，为全园的主体。岛上白塔高耸，殿阁参差；岛下碧波浩渺，游船如织。沿湖岸上，绿柳垂丝，百花织锦，亭台楼榭，掩映其中，整座园林充满一派诗情画意的旖旎风光。

北海公园以北海为中心，湖口琼华岛上建的藏式白塔为全园标志。漪澜堂波光相映；濠濮间游廊曲折。北海北岸是几组宗教建筑，有小西天、大西天、阐福寺、西天梵境等，还有五色琉璃镶砌的九龙壁，两面各有蟠龙九条，戏珠于波涛云际，造型生动，色彩明快。园内还保存有文物铁影壁、一座16面多角形塔式石幢、495方历代著名书法家真迹、万岁山团城和承光殿玉佛等。

全园以神话中的"一池三仙山"（太液池、蓬莱、方丈、瀛洲）构思布局，形

琼华岛上的藏式白塔
是北海公园的标志

北海、恭王府花园、景山

012

式独特，富有浓厚的幻想意境色彩，有着"仙山琼阁"的美誉。全园布局以琼岛为中心，山顶白塔耸立，南面寺院依山势排列，直达山麓岸边的牌坊，一桥横跨，与团城的承光殿气势连贯，遥相呼应北面山顶至山麓，亭阁楼榭隐现于幽邃的山石之间，穿插交错，富于变化。

山下为傍水环岛而建的半圆形游廊，东接倚晴楼，西连分凉阁，曲折巧妙而饶有意趣。北海公园的主要景点由四部分组成。南部以团城为主要景区，中部以琼华岛上的永安寺、白塔、悦心殿等为主要景点，东部以画舫斋、濠濮间、小玲珑为重点，

北海琼华岛鸟瞰

北海团城承光殿东侧的
古树

北部则以五龙亭、小西天、静心斋为重点。

从南门入园，团城位于北海公园南门西侧，享有"北京城中之城"之称。团城处于故宫、景山、中南海、北海之间，四周风光如画，苍松翠柏点缀其间。碧瓦朱桓的建筑，构成了北京市内最优美的风景区。承光殿位于城台中央，内有龛一座，供奉着用整块玉雕琢的白色玉佛像一尊，高 1.5 米，头顶及衣服镶以红绿宝石，佛像面容慈祥，面相洁白无瑕，光泽清润。团城上有金代所植的栝子松，距今有八百多年的历史，是北京最古老的树林，还有数百年树龄的白皮松两棵、探海松一棵，后天帝曾封栝子松为"遮荫侯"，白皮松为"白袍将军"，探海松为"探海侯"。三树皆树色苍翠，更加衬托出团城的幽静环境。

穿过团城，踏上建于元初的永安桥，见名为"堆云""积翠"的两座彩绘牌坊，迎面就是全园的中心——琼华岛，简称琼岛。岛上绿荫如盖，殿阁相连，岛上建筑依山势布局，高低错落有致，掩映于苍松翠柏中。对面便是初建于清顺治八年(1651年)的白塔寺，清乾隆八年(1743 弥塔座。

北海公园宫殿式建筑

塔内藏有藏语经文、衣钵和两颗舍利，塔前有座小巧精致的善因殿。

琼岛的西面原是清代皇帝游园时休息、议事或举行宴会的悦心殿，殿后的庆霄楼系乾隆帝陪其母后冬季观看冰上掷球竞技的地方。在西北面有阅古楼，楼内存放自魏晋至明代的法帖 340 件，题跋 210 多件，刻石 495 方。内壁嵌存的摹刻故宫中的《三希堂法帖》，堪称墨宝，为清乾隆年间原物。这一带还有琳光殿、延南熏亭和山腰中的铜仙承露盘。

琼岛的东北坡古木参天，这里便是燕京八景之一的"琼岛春荫"。沿着乾隆帝御题的"琼岛春荫碑"旁的小路前行，可

直通迂回曲折的见春亭和看画廊，其景色犹如一幅天然山水画，美不胜收。廊外有湖石堆砌的幽洞石室，变幻无穷。沿湖边北面的山麓下，有原为帝后们垂钓、泛舟后休息、进膳的漪澜堂，现已开设仿膳饭庄。

从琼岛过陟山桥向北，为东部风景区，有"濠濮间"和"画舫斋"两组建筑，布置精巧，环境幽静，构成园中之园。清代的帝后、大臣们常在濠濮间宴饮。画舫斋系清代皇家行宫之一，也是皇帝约集著名画家作画之所。门外是检阅射箭的地方。其南为"春雨林塘"殿，东系"镜香室"，西是"观妙室"。西北面有个建在水上的

北海公园石碑

北海公园画舫斋

北海、恭王府花园、景山

北海公园荷花池

小院，称"小玲珑"，与曲廊相连接。由此折向东北院的"主柯庭"前，可观赏一株八百多年的古槐。再往北有座方形的"蚕坛"，系清代后妃们祭祀蚕神之处，也是北京九坛之一。

从蚕坛西行，不远就进入北岸景区。首先映入眼帘的是静心斋，面积 4700 平方米，原为乾隆帝书苑，称乾隆小花园。后来辟作皇子的书斋。静心斋往西是天王殿，正殿系楠木建筑，这里是翻译和印刷大藏经的地方。后面的琉璃阁为发券式无梁殿结构，壁上嵌满琉璃佛像，光彩夺目。天王殿西侧，有座用 426 块七色琉璃砖砌成的九龙壁，沿九龙壁南行，有座"铁影壁"，

北海五龙亭节日礼花

颜色与质地如同铁铸，双面雕刻云纹与怪兽，为元代浮雕艺术珍品。铁影壁北面，有三进院落，主建筑曾是乾隆帝礼佛前后的更衣处和游憩的别馆。清乾隆四十四年（1779年），为保护王羲之的《快雪时晴帖》，增建了一个院落，名"快雪堂"。

西面沿湖有五座亭子，建于清顺治八年（1651年）。五亭主次分明，飞金走彩，远望如同五龙浮动，故称"五龙亭"。这里为清代帝后们赏月、钓鱼、观看焰火的游乐之处。亭的西隅，有一大片建筑群，总称"小西天"，其中"万佛楼"与"极乐世界"是主体建筑，这是乾隆帝特地为生母孝圣宪皇后祝寿祈福而建造的。小西天向北还有妙相亭、宝积楼、植物园景点。

北海湖是北海公园内的一个湖泊，也是北京城内的最大水域之一。以湖称海，是为取"海上三仙岛"之意。湖面约39公顷，湖岸线长3749米，其水源来自颐和园的昆明湖。该湖隆冬时节是天然的溜冰场，其他季节均可荡舟嬉戏，是人们最喜爱的城区水上游乐园。以此湖自然分界，可将园内景点分为：中心琼岛景区、湖北北岸景区、湖南团城景区、湖东东岸景区

二、北海公园景点

四个景区。

（一）琼岛景区

巍巍白塔立于琼岛之巅

琼华岛简称琼岛，因岛上建有白塔，故又俗称"白塔山"，其建造源于中国富于神秘色彩的昆仑神话系统。琼岛是北海公园的主体，四面临水，南有永安桥连接团城，东有陟山桥接岸；湖中菱荷滴翠，碧水映天，岛上万木苍郁，殿阁栉比；巍巍白塔立于琼岛之巅，成为北海公园的标志。

1. 永安寺

原名白塔寺，始建于清顺治八年（1651年），乾隆八年（1743年）改为永安寺。该寺依山而筑，共分三进殿宇，前殿为"法轮殿"，殿前左右设有钟、鼓亭，殿内供释迦牟尼佛像。"法轮"意为佛法辗转流传不息，犹如车轮滚滚，此殿阔五楹，单檐庑殿顶，殿脊正中置琉璃宝塔，塔两边殿脊上嵌有琉璃彩龙戏珠浮图，造型独特，为一般寺庙所罕见。中殿为"正觉殿"，上殿为"普安殿"，原为喇嘛诵经之所。正觉殿内供弥勒佛，此佛雍容丰腴，笑容可掬。相传他是10世纪初的一名游方僧，名契此，号长汀子，在世时常背袋行乞，

所得钱物悉数捐赠寺院，所以人们又称其为"布袋僧"。普安殿殿名有普度众生之意，大殿为五楹单檐庑殿顶，内供藏传佛教格鲁派创始人宗喀巴像，像两侧为其得意弟子班禅、达赖坐像。当年皇帝皇后在园内游乐时常来此烧香拜佛。

普安殿东侧下的平台上立有龟趺石碑，原刻有赞扬佛教的文字，因年久风化，字迹已模糊难辨了。石碑是把功绩刻于石上，以传后世的一种石刻，一般以文字为其主要部分。而龟趺是刻作龟形的碑座，一般都雕成昂首的巨龟形状。传说这种巨龟的力气特别大，能负重，古人用它的形象来做成碑座，故名"龟趺"。

2. 北海白塔

北海公园永安寺门前的神龟

北海、恭王府花园、景山

远观北海公园

北海公园古炮

北海公园景点

北海西岸看琼岛

白塔位于琼岛之巅，是一座藏式喇嘛塔，它是北海公园的标志性建筑物。它始建于清顺治八年（1651年），后因地震破坏而重修过。1964年进行过加固大修，1976年唐山地震波及北京，塔上"十三天"被震毁，1977年修复，2005年对白塔及琼华岛古建筑群进行了近百年来最大规模的修缮。

塔高35.9米，下承折角式须弥座，座上为覆钵式塔身，正面有壶门式眼光门，塔顶置双层铜制伞盖，其边缘悬14只铜钟，最上为镏金火焰宝珠塔刹。

塔身正面的眼光门，周围用钳子土烧制的西番莲花饰，中间为木质红底金字的"时轮咒"，即所谓"十相自在图"，系七个字组成，译音"杭、恰、嘛、拉、哇、日、呀"，有"吉祥如意"的意思。这组字图是清代藏传佛教的著名领袖章嘉国师亲手写成的，据说这种文字图案从明代开始由西藏传入内地。

白塔下有两层平台，四周砌有汉白玉石栏环绕。白塔全部为砖木石混合结构，由塔基、塔身、相轮、华盖、塔刹五部分组成。塔座边长17米，塔基为砖石须弥座，基座部分安有角柱石、压面石和挑檐石。座上为三层圆台，中部塔肚为圆形，最大直径14米。从塔的表面只能看到砖和石料而见不到木构架，但可见到塔的通身有306个方形青砖透雕通风孔，这是为塔木

北海白塔

北海公园景点

构架通风之用，以防塔内木料潮湿糟朽。通风孔的纹饰雕刻比较讲究，图案形式也多种多样，有蝴蝶、芭蕉扇叶、喇叭花、菊花、荷花、宝相花、西番莲花等画像。白塔内部有根立木，为白塔主心木，柏木制，高约三十米，从塔基处直通刹顶。

整个永安寺从山门至白塔，层层递高，上下串连，构成琼岛景区的中轴线，给人以层出不穷、壮丽宏阔之感。这种象征神权的建筑物，设置于琼岛的重要位置上，具有主宰全园的气势，以体现君权神授的封建思想，此乃帝王宫苑的一大特色。

3. 善因殿

位于白塔前，是乾隆十六年（1751年）

仰视北海白塔

北海、恭王府花园、景山

028

北海白塔

添建的。为仿木琉璃结构的重檐建筑，上圆下方：上层圆顶筒瓦、板瓦、宝顶均为铜质镏金，下层方檐为琉璃制品，精巧而华美，以体现"天圆地方"之意。墙面用455块塑有佛像的琉璃砖镶砌而成，南面为铜制的四扇隔扇门，里面曾供奉"大威德金刚神像"一尊。四壁外侧，用佛像琉璃砖装饰，华美而庄重。

游人至此，居高临下，是观赏京城景致的最佳之地。明朝人士韩雍，曾在《游西苑记》这样描述他在此处所目睹的景物："近而太液晴波，天光云影，上下流动；远而西山居庸，叠翠西北，带似白云；东而山海，南而中原，皆一望无际，诚天下之奇观也。"

4. 四亭二碑

北海公园凉亭

在法轮殿殿后的山腰处有两座牌坊，南题"龙光"，北题"紫照"。过了牌坊即为正觉殿，殿前建有"涤霭""引胜""云依""意远"四亭。四亭上下对称而造，典雅美观。

引胜亭与涤霭亭，实为两座碑亭，东为"引胜"，西为"涤霭"。引胜亭内碑刻为"白塔山总记"，由汉、满、蒙、藏四种文字分刻在碑的四面；涤霭亭内碑刻是"白塔山四面记"，内容总述了北海历史变迁和塔山四周的景物，是篇文藻华丽的导游词。两碑刻均为乾隆皇帝御笔。

5. 悦心殿、庆霄楼

悦心殿位于白塔西侧，为单檐歇山式，殿内梁枋沥粉贴金，华丽异常，这里曾经是清代皇帝临时听政和召见大臣之所。

悦心殿后的庆霄楼是每年农历腊月初八，乾隆陪其母亲观看湖上冰嬉盛会的地方（冰嬉是一种冰上的掷球游戏，由两组人参加作竞技表演）。

6. 延南熏亭

位于琼岛北侧，俗称扇面亭。坐南朝北，相传晋代文学家袁宏（328—376年）得官上任前，朋友送他一把折扇，并说："愿

悦心殿

君多施仁政，扬仁义之风。"这座别致的小亭就是根据这个故事修建的，正面墙凹进恰似汉字"风"的"几"偏旁，整体观亭，又似一把折扇，设计之巧妙，令人称奇。

7.阅古楼

坐落于琼岛西北侧的湖畔，建于乾隆十二年(1747年)。平面近似椭圆形，实为两个半圆左右围合而成的上下两层楼，楼形别具一格。楼内沿墙壁镶嵌着魏晋以来历代著名墨迹的石刻，共495方，俱为中国古代书法集成的石刻珍品。书法、刻法极其精美，被称为"双绝"。这是一座集我国历代著名书法之大成的杰出建筑，在我国文化艺术史上占有非常重要的地位。

北海公园阅古楼

清代帝后常来此阅赏古代翰墨。

8. 延楼游廊

环抱于琼岛北麓的北海湖畔，呈半圆形，分上下两层。它东起倚晴楼，西止分凉阁。共 60 间，长 300 米，是仿江苏镇江金山江天寺而建的观景廊。它宛若一条彩带，把"琼岛""瑶池"（北海湖）紧密地联系起来，起着烘托和丰富山光水色的重要作用。

9. 琼岛春阴碑

坐落于琼岛东麓，碑高 4.1 米，方首加四角攒尖式顶，四脊雕龙，为四龙戏珠。须弥座下承以方形石台，四周围以石栏。额篆书《御制》，无首题，碑阳楷书大字

"琼岛春阴"四字。"琼岛春阴"系燕京八景之一，清乾隆十六年（1751年）立碑刻字，字为乾隆皇帝御笔。这里花木茂盛，环境幽静。

（二）北岸景区

北岸景区从左到右分别为小西天、植物园（阐福寺）、澄观堂和天王殿，这些建筑均为严整的中轴对称的几何形布局，加之五龙亭沿湖点缀，与自然山水巧妙地融为一体，颇似一幅不露人工痕迹、宛若天成的"城市山林"风景画。

1. 太湖石假山

静心斋的北部是规模宏阔、堆叠巧妙

北海延楼游廊

北海公园景点

的山石造景，其形态各异，精巧美观。整个山石景色，是仿中国山水画笔法叠石，这无异于用实物造就了一幅真实的山水画。太湖石假山是北海公园风景的重要组成部分。

假山所筑之石来自江苏太湖流域，具有瘦、皱、透、漏四大特点。这些奇秀石料，原是北宋统治者为建汴梁（开封）寿山艮岳御园而不惜民力财力，掘自太湖运往京都的。金灭北宋后，金王朝采取减折粮赋的办法，再次迫使百姓将此石从开封运来这里，所以又叫"折粮石"。由此可见，古代统治者为了享乐无所不用其极。

2. 铁影壁

竖立于湖北岸澄观堂前，为元代遗物，已有六百多年的历史。影壁高 2 米，长 3.5 米，通体呈棕褐色，看上去如同铁质，实为一块中性火成岩雕成。影壁两面均雕有巨兽和花纹图案。铁影壁的整体造型古朴生动，雕刻技艺精湛，是罕见的艺术品。

相传，这座影壁是为镇慑、遮挡北京的风沙而设，从而享有镇城之宝的美誉。原在德胜门内铁影壁胡同，1947 年迁来此处。

北海太湖石

北海、恭王府花园、景山

3. 五龙亭

此处原是明代泰素殿的旧址，殿前有亭，名会景亭，嘉靖二十一年 (1542 年) 改名龙泽亭，并在其两侧新建二亭，遂为五亭。中为圆形的"天象"亭，两侧为方形的"地象"。清顺治八年 (1651 年) 拆除泰素殿，并改建五座亭子。

五亭主次分明，飞金走彩，曲桥连缀，若浮若动，酷似游龙戏水，故称五龙亭，为北海湖滨的重要景点。中亭名"龙泽"，上圆下方，双重檐。藻井有金龙俯首雕饰。此亭为清代帝后钓鱼、赏月、观看焰火的游乐之处；中亭两侧对称而建四座重檐亭，左边二亭名为"澄祥""滋香"；右边二

北海五龙亭

亭称为"涌瑞""浮翠"，是群臣陪伴帝后玩耍的地方。

4. 妙相亭塔

妙相亭建于乾隆三十五年（1770年），是为护塔而建，雕梁画栋，装潢富丽，结构巧妙。由48根圆形立柱支撑，为八角重檐攒尖顶。

妙相亭塔建于乾隆二十九年（1764年），高6.88米，题面为十六面，摹刻着五代十国时期后蜀名僧贯休所画的十六应真像和清乾隆御题的"十六应真像赞"，真迹原藏于杭州孤山的圣因寺内。清乾隆二十二年（1757年），乾隆皇帝在第二次南巡时看到了这十六幅罗汉像，他根据梵经改正了画上原题的罗汉名，并题写赞文。佛塔上的十六尊罗汉像石刻为石刻艺术中的珍品。石塔的基座是十六角形的须弥座，下枋上雕有海浪和假山石，上枋上雕有缠枝西番莲，束腰中有二龙戏珠和云文图案。塔身的每面各线雕一位罗汉像，每位罗汉的上方镌刻着乾隆皇帝亲笔题写的《御制贯休画十六应真像赞》。塔身上有塔檐，檐下雕有腾龙，眼角各雕一狮子头。塔檐顶上有一层须弥座，上面雕有双龙戏珠和宝相花等图案。须弥座上方又有一层檐，外形像一顶唐僧的毗卢帽。塔檐顶上的塔刹是一座小型的覆钵式塔。

北海公园一景

5. 小西天（方殿、万福楼、阐福寺）

坐落于北海西北部，是乾隆皇帝为其母孝圣宪皇后祝寿祈福而修建的一组宗教建筑群，主要由方殿、万福楼和阐福寺所组成。

方殿，原名观音殿，又名"海岛"，俗称西方"极乐世界"，为我国现存最大的亭式木构建筑。大殿面积1260平方米，四周清流环绕，四面水渠上各跨石桥一座，各有琉璃牌坊一座，四角置方亭，整个建筑气势磅礴，雄伟壮观。

万福楼，也称万佛楼，位于方殿之后。

1770 年，乾隆为其母亲（孝圣宪皇后）做八十大寿时所建。殿内原供三世佛铜像三尊。琉璃砖壁上布满大小佛洞一万个，宛如蜂房，内供金佛一万尊。大者重 588 两 8 钱，小者重 58 两，故称万佛楼。但于 1900 年被八国联军抢劫一空，这里成为日军司令部，后又改为囚禁中国平民的监狱。

阐福寺，位于北海北岸，万福楼东侧，为太素殿旧址，其规制仿河北正定隆兴寺。原来殿内有白伞盖佛（佛身上嵌有无数珠宝）、御制碑记等，亦被八国联军所毁。相传慈禧太后每遇年节，常到此拈香拜佛。现辟为"园林经济植物园"，院内种有数

方殿

北海、恭王府花园、景山

百种珍贵花木，成为科普教育和游览欣赏的园地。

6.九龙壁

北海九龙壁面阔25.86米，高6.65米，厚1.42米；体魄巨大精美，壁上嵌有山石、海水、流云、日出和明月图案，底座为青白玉石台基，上有绿琉璃须弥座，座上的壁面，前后各有九条形态各异、奔腾在云雾波涛中的蟠龙浮雕。蟠龙体态矫健，龙爪雄劲，形象生动，栩栩如生。壁东面为江崖海水、旭日东升流云纹饰，西面为江崖海水、明月当空流云图像。壁顶为琉璃筒瓦大脊庑殿顶，大脊上饰黄琉璃流云飞龙纹。影壁用424块御制的七色琉璃砖砌筑而成，色彩绚丽，古朴大方，是清代琉璃结构建筑中的杰作，也是研究清代琉璃结构建筑的重要史料。

北海九龙壁由三部分组成，上部为斗拱装饰，琉璃瓦兽顶歇山式。中部为九龙壁的壁身主体，高3.72米，用426块琉璃构件分六层拼砌而成九条飞龙。下层为基座，也称须弥座，为束腰形，高2.09米，由75块琉璃砖组成，雕有浮雕两层琉璃兽，一层是麒麟、狮子、鹿、马、羊、狗、兔

闸福寺

北海公园九龙壁

等动物，另一层是小型行龙。兽、龙形象生动，神态各异，栩栩如生。

北海九龙壁东西两端分别是"旭日东升""明月当空"的图案。九龙壁中央正对着代王府，姿态端正，龙头向上，龙身向上弯曲，九龙壁的主龙为正黄色，正视王府大门。主龙左右的两条龙为浅黄色，龙头朝东，龙尾回甩向中心龙，呈对称状。依次对称的两条龙龙头向西，呈淡黄色。再其后是对称状的两条宝蓝色巨龙，最外边（东西两边）的两条龙呈黄绿色。九龙壁九龙张牙舞爪，气势磅礴，好似从天而降，腾云驾雾，翻江倒海。九龙之间的背景是水草山石图案，映衬烘托九龙成为一个主体亦是个体，灵活多变，姿态优美动

北海九龙壁壁照特写

人。

7. 天王殿

又称"西天梵境"，位于九龙壁东侧，东临静心斋，西与大圆境智宝殿相依，南与琼华岛贯成一线，是北海最负盛名的景区之一。明代原为西天禅林喇嘛庙，清代时重修，并向西扩展，成为一座十分精美壮观的佛寺。主要建筑有天王殿、大慈真如宝殿和琉璃阁等。大慈真如宝殿为天王殿中院正殿，明代建筑。大殿为楠木结构，不施彩绘，走进大殿楠木芳香扑鼻，给人以清心爽气之感，久久不愿离去。

8. 静心斋

园中之园是清代大型皇家园林的特征之一。静心斋原名镜清斋，位于北海北岸，天王殿东北侧，占地面积 4700 平方米。是一座建筑别致、风格独特的园中之园。它始建于明代，乾隆年间扩建，又称乾隆小花园。园中殿堂华美，亭榭精巧，怪石争奇，游人置身园中，一步一景，其乐无穷。曾是清代的行宫及皇太子的书斋，1913 年改名为静心斋。该处主要建筑有静心斋、韵琴斋、抱素书屋、枕峦亭、叠翠楼及沁泉廊等。位于西北侧的叠翠楼为园内的最高建筑，楼高两层，登楼远眺，北海景色尽收眼底。该园以山、池、桥、廊、亭、殿、阁的优美建筑布局取胜，是一座风光如画、妙趣无穷的小巧园林，为园林艺术中的杰作之一。

北海公园天王殿香炉

（三）团城景区

团城是一座砖筑的圆形小城，城台高4.6米，周长276米，全城面积为4553平方米。台上古木扶疏，殿堂华丽，是一座精巧别致的小园林。

1. 承光殿

位于城台中央，是团城的主体建筑物。其坐北朝南，平面呈十字形，前后有方形月台，正中为重檐大殿，殿四面均有单檐卷棚式抱厦，顶覆黄琉璃瓦绿剪边，飞檐翘角，宏丽轩昂。四面有抱厦，南面有正方形月台，其建筑形式颇似故宫角楼。明代帝后常来此观烟火，清代改为佛堂，殿内供一尊嘉庆时西藏进贡的白玉佛，其佛高1.5米，用一整块玉石雕刻而成，全身

静心斋

北海公园景点

北海公园承光殿

洁白光润，袈裟及顶冠上镶以宝石。佛像肌肤洁白，色泽清润，神态颐静慈祥。1900 年八国联军攻入北京，在抢劫北海公园珍宝时，砍坏玉佛左臂，至今刀迹犹存。

2. 渎山大玉海

旧称玉瓮，制作于至元二年（1265年），系用一整块黑质白章的大玉石精雕细琢而成。口呈椭圆形，口长 182 厘米，宽 135 厘米，腹深 55 厘米，重约 3500 千克，周身浮雕海龙、海马、海猪、海犀等出没于波涛之中，栩栩如生。元世祖忽必烈曾将玉瓮放置琼华岛广寒殿中，传说曾用以盛酒大宴群臣。明代广寒殿倒塌，玉瓮失

渎山大玉海

落民间。清乾隆十年（1745 年）发现后，乾隆皇帝"令以千金易之，置承光殿中"。乾隆十四年（1749 年）建玉瓮亭，将玉瓮陈设于亭中配以汉白玉雕花石座，命翰林四十人，各赋诗一首，刻于亭柱之上。玉瓮厚重古朴，气势雄浑，为元代难得的玉雕精品。

渎山大玉海的制作，继承和发展了中国琢玉工艺上"量材取料"和"因材施艺"的传统技巧，在俏色方面也有独到之处。它周身雕刻波涛汹涌的大海，浪涛翻滚，旋涡激流，气势磅礴。在海涛之中，又有龙、猪、马、鹿、犀、螺等神异化动物游戏其间，形体各异，神采俱佳。制作采用浮雕和线

渎山大玉海（局部）

刻相结合的表现手法，既粗犷豪放，又细致典雅，动物造型兼具写实气质和浪漫色彩。海龙下身隐于水中，上身探出水面，张牙舞爪，戏弄面前瑞云托承的宝珠。猪、马、犀、鹿等动物遍体生鳞，使人联想到神话里龙宫中的兽形神怪和虾兵蟹将。可以说，这是一幅活生生的龙宫世界的景象，神秘莫测。更难能可贵的是，该器不仅形体巨大，气度不凡，而且雕工极精，利用玉色的黑白变化来勾勒波浪的起伏、表现动物的眉目花斑，可谓匠心独运，技艺高超。

（四）东岸景区

1.画舫斋

为北海公园又一处园中之园，又名水殿，建于清乾隆二十二年（1757年），是清代行宫建筑，门前一带曾是练习弓箭的地方。它以方形水池为中心，临池而建，是回廊四匝的幽静庭院。画舫斋布局紧凑，建筑精巧，雕梁画栋，既有北方庭院浑厚持重的风格，又不失江南园林柔媚细腻的特色。

主体建筑楹阔殿坐北朝南，殿前朱廊绕池，池中游鱼嬉戏，青萍浮动。东西为"镜香""观妙"二室。乾隆曾坐冰床来此题词，"画舫斋"三字便是他的手迹。清末，慈禧常至此游幸与传膳。南接濠濮间，北邻蚕坛，隐藏于土石山林之中。西北角院落为小玲珑，东北为古柯庭、奥旷和得性轩等。

2．古柯庭

位于画舫斋东北角。为一幽静的三楹小室，庭前小院奇石玲珑，花木茂盛。内有古槐一棵，它的绿冠达 15 米，树干周长达 5.3 米，犹如一个巨大的盆景。相传为唐代所植，至今已一千三百多年了，是北京城区的"古槐之最"，古柯庭就是清

画舫斋

北海公园景点

古柯庭前的唐槐

乾隆皇帝为此古槐而下旨建的。

此处环境幽雅清静，乾隆皇帝曾在树下纳凉，光绪皇帝曾在此读书，慈禧也经常到古柯庭游玩。

3. 先蚕坛

坐落于北海公园的东北角，为北京九坛之一，面积 17000 平方米，是清朝皇帝的后妃们祭祀蚕神的地方。先蚕坛是明朝雷霆洪应殿的旧址，原坛建于北京城北郊。明嘉靖十年（1531 年）迁西苑。现存先蚕坛建于乾隆年间，道光、同治及宣统年间均有修缮。

现院内种有很多桑树，东面有一条小

河，名为"浴蚕河"。主殿是亲蚕殿，殿内悬挂乾隆御笔的匾额："葛覃遗意"；并有对联："视履六宫基化本，授衣万国佐皇猷。"

4. 濠濮间

为北海公园一处著名的园中之园，始建于清乾隆二十二年（1757年）。本身为三间水榭建筑，其范围则包括宫门、云岫室、崇椒室、爬山游廊、水池、曲桥及石坊等。此处山石环抱，树木茂密、遮天蔽日，来自北面先蚕坛的浴蚕河水经画舫斋缓缓流入，富有曲径通幽、回还变化之妙。

濠濮间的水池上，有一座九曲雕栏石桥。桥的北端有一座石牌坊，牌坊两面各有联额。南面的联额是"日永亭台爽且静，雨余花木秀而鲜"；横额是"山色波光相罨画"。北面的联额是"蘅皋蔚雨生机满，松峰横云画意浓"，横额是"汀兰岸芷吐芳馨"。牌楼后面是一潭碧水，水上有一曲折小石桥通往濠濮间。濠濮间坐南朝北，东西长12米，南北宽6.4米，面积77平方米，厅房四周有十六根柱子，内有八根柱子。房前有一副对联，上联"半山晨气林烔洈"，下联"一枕松声涧水鸣"，横批"壶中云石"。

北海公园濠濮间的石牌楼十分精巧

北海公园景点

北海公园"濠濮间"石碑

北海、恭王府花园、景山

濠濮间南面，有曲廊向上，伸延山顶，廊东有"崇椒室"，山顶上有"云岫"。走过水榭、曲桥，进入迂回峡谷，奇峰、怪石、波光云影的画境随处可见。

"濠濮间"的名称，深有渊源。传说乾隆附会梁朝简文帝入华林园"濠濮间想"的故事，命名"濠濮间"。乾隆皇帝是一位文化素养较高的皇帝，他能诗善画，长于书法，并有很高的艺术鉴赏力。他六次南巡，都有如意馆的画工一同前往，把他看中的名园胜景绘成图样，带回北京在皇家园林中仿建。但是移植这些名园胜景，不是机械地照搬，而是根据北方的建筑和花草树木的特点，结合叠山理水，再现江南园林的情调。濠濮间就是仿江南私家园林风格而建造的一处景观。

濠濮间北面联额"蘅皋蔚雨生机满"

清代时，这里为帝后、近臣的宴饮之处。乾隆皇帝曾在此园宴请大臣。在颐和园未修复之前，慈禧于夏季常来此避暑、听评书等。

5. 春雨林塘殿

坐落在濠濮间之北，殿外原是清廷的检阅赛箭之处，门外的土山便是当年的箭靶场。春雨林塘殿的构思布局，形式独特，

濠濮间是北海的一座
园中园

富有浓厚的幻想意境色彩，并且此处景观秉承北海公园的特点继承了中国历代的造园传统，博采各地造园技艺所长，具有一定的观赏价值。

（一）北海与"一池三山"的传说

战国时代传说，渤海东面有"蓬莱""瀛洲""方丈"三座仙山，山上长满了长生不老药，住着长寿快乐的神仙。公元前221年，秦始皇统一中国后，派方士徐福等带童男童女数千人，渡海找三座"仙山"，寻长生不老药，未果；便在兰池宫建百里长池，筑土为蓬莱山，刻石为鲸，长200丈。到了汉朝，汉武帝重蹈覆辙，仍未找到仙山，于是降旨在建章宫后挖一个大水池，

三、北海公园相关资料

北海公园长廊

取名"太液池"，将挖出的泥土在池中堆了三座山，象征蓬莱、瀛洲、方丈三座仙山。自此以后，历代皇帝都喜欢仿效"一池三山"的形式来建造皇家宫苑。北海公园的建设规划正源于这个传说——北海象征"太液池"，"琼华岛"象征蓬莱，原在水中的"团城"和"犀山台"则象征瀛洲和方丈。园中有"吕公洞""仙人庵""铜仙承露盘"等许多求仙的遗迹。

（二）御膳堂

御膳堂始建于清乾隆年间，位于太液池北岸（今北海公园北岸），依山傍水，往北即九龙壁。该处原分东西两个院落。西边为浴阑轩、阐福寺，浴阑轩专供帝后们到阐福寺拈香前休息、沐浴、更衣之用，是供帝后们拈香后用膳的所在。

据光绪年活计簿上记载："在光绪元年四月曾对御膳堂进行翻建，膳房周围砌卡墙，门前设影壁。"1925年北海公园开放后，此膳房旧址租给商人赵仁斋开设仿膳茶点社，对外经营宫廷菜点。御膳堂历经风风雨雨，已有两百多年的历史，昔日帝王所书匾额已荡然无存。目前"御膳堂"三个大字及其楹联是由爱新觉罗·溥杰先生

漪澜堂是仿膳饭庄最大的餐厅

北海御膳饭庄

于1990年所书。

　　御膳饭庄技术力量雄厚，现有七名得御厨真传的厨师。就餐环境优雅，享受满汉全席，并有身着宫廷服饰的小姐为您服务。对外备有零点、套餐、烤鸭及满族风味的烧烤，并承办中高档宫廷宴席和著名的"满汉全席"。"仿膳"菜点制作精致，色形美观，口味讲究，继承了清宫"御膳"清、鲜、酥、嫩的特点。主要美食有：清宫点心、宫廷宴席和满汉全席等，享誉中外，深为广大游客所青睐。

（三）北海九龙壁的灵性

北海的九龙壁建于清乾隆二十一年（1756年）。建后的九龙壁雄浑壮观，虽历经二百多年风雨侵蚀，颜色依然十分鲜艳。据说，北海九龙壁的龙是有灵性的，第九条龙曾经动了起来。

乾隆二十一年的一天，北海九龙壁前佛光普照，空场上摆放着香案、香炉，香案前有一黄色的蒲团，一高僧端坐在蒲团之上，数百人在虔诚观看，一派庄严肃穆的景象。原来，西藏密宗高僧正在给九龙壁开光。当满天祥云缭绕、晚霞映红了半边天际时，奇迹出现了。有人把手帕丢到第九条龙的头部，就见此龙通了灵性，龙眼、龙须都动了起来，把手帕吸着不放，仿佛要从壁上腾飞到天空。

当然这只是一个传说，但是却反映了中国人希望龙具有灵性，能够保佑大地风调雨顺的良好愿望，同时也说明北海的九龙壁做工是何等的精湛。其实九龙壁的龙并不会动，但是它还真的能给人以飞动的感觉。每当正午阳光掠过，光影纵横、龙腾海上，九条龙就仿佛动起来一样，栩栩如生。这种现象的产生，还要归功于琉璃砖。九龙壁运用当时中国独一无二的七彩

九龙壁近照

北海公园相关资料

北海九龙壁

九龙壁

北海、恭王府花园、景山

琉璃砖，它颜色鲜艳，经久不退，加上光的反射作用，让观者觉得龙好像活了起来。

恭王府是我国保存最为完整的清代王府古建筑群，分为府邸和花园两部分，府在前，园在后，全府南北长约330米，东西宽180余米，占地面积约61120平方米，其中府邸占地32260平方米，花园占地28860平方米。

王府设计富丽堂皇，斋室轩院曲折变幻。分为中、东、西三路建筑，由严格的轴线贯穿着的、多进四合院落组成。府邸不仅宽大，而且建筑也是最高规制。明显

四、恭王府简介

恭王府花园

的标志是门脸和房屋数量，王府有门脸五间，正殿七间，后殿五间，后寝七间，左右有配殿，低于亲王等级的王公府邸决不能多于这些数字。房屋的形式、屋瓦的颜色也是不能逾制的。恭王府的中、东、西三路各有三个院落，其中每一路的后两个院子是人们要游览的主要区域。

恭王府花园为恭王府后的一座独具特色的花园，又名萃锦园，位于柳荫街甲14号，建于1777年，据考证是在明代旧园上重修的，南北长约150米，东西宽170余米，全园有古建筑31处。其中园中的西洋门、御书"福"字碑、室内大戏楼并称恭王府"三绝"。某些红学家认为

此园可能是曹雪芹笔下《红楼梦》中大观园的原型。

"月牙河绕宅如龙蟠，西山远望如虎踞"，这是史书上对恭王府的描述。就其选址而言，它占据京城绝佳的位置。古人修宅建园很注重风水，北京据说有两条龙脉，一是土龙，即故宫的龙脉；二是水龙，指后海和北海一线，而恭王府正好在后海和北海之间的连接线上，即龙脉上，因此风水非常好。古人以水为财，在恭王府内"处处见水"，最大的湖心亭的水，是从玉泉湖引进来的，而且只内入不外流，因此更符合风水学敛财的说法。我国十大元帅和郭沫若等人，均在恭王府的附近居住，

恭王府花园内的游人

恭王府简介

而且都长寿。据说，北京长寿老人最多的地方就是恭王府附近，可见这个地方是一块风水宝地。

恭王府规模宏大，拥有各式建筑群落三十多处，布局讲究，气派非凡。其花园布局、设计具有较高的艺术水平。全园以"山"字型假山拱抱，东、南、西面均堆土累石为山，中路又以房山石堆砌洞壑，手法颇高。山顶平台，成为全园最高点。居高临下，可观全园景色。"一座恭王府，半部清朝史"是历史地理学家侯仁之对恭王府的评价，足见其历史价值之大。

恭王府花园一角

（一）历史沿革

北海、恭王府花园、景山

恭王府在历史上曾显赫一时，历经了大清王朝乾隆、嘉庆、道光、咸丰、同治、光绪、宣统七代皇帝的统治，如一面镜子，见证了清王朝由鼎盛而至衰亡的历史进程，承载了极其丰富的历史文化信息。

1．第一代主人：和珅

和珅（1750—1799 年），本姓钮祜禄氏，字致斋，正红旗满洲人，幼年家境贫苦，后凭个人才华及乾隆宠爱而发迹，集清政府军政、外交、文化、教育、考试选拔大权于一身。乾隆四十一年（1776 年），和珅开始在这东依前海，背靠后海的位置修建他的豪华宅第，时称"和第"。嘉庆

恭王府花园一景

四年正月初三太上皇弘历归天，次日嘉庆褫夺了和珅军机大臣、九门提督两职，抄了其家，估计全部财富约值白银八亿两，相当于国库十几年的总收入，所以有"和珅跌倒，嘉庆吃饱"的说法。同年正月十八，即 1799 年 2 月 22 日，和珅被"加恩赐令自尽"。

目前府邸内，和珅宅第时期代表性的建筑主要有两处：一为"嘉乐堂"，是现在府邸中路的最后一进正厅，五开间，大门正上方现悬有"嘉乐堂"匾额，传为乾隆帝御赐和珅的，但该匾无署款、钤记，故无由证实。由于和珅集有《嘉乐堂诗集》，

恭王府花园一景

北海、恭王府花园、景山

064

恭王府嘉乐堂

当可推断出是和珅时之室名。另一个为"锡晋斋"，原名"庆宜堂"，源于乾隆所赐"庆颐良辅"匾额。锡晋斋是西路院落最后一进的正厅，七开间，前后出廊，后檐带抱厦五间。正厅的东西北三面是两层的楼，上下安装了雕饰精美的楠木隔断。此隔断式样是和珅家太监呼什图受和珅指使前往紫禁城宁寿宫画下图样仿造的，是明显的僭侈逾制，这也成为嘉庆皇帝赐死和珅的二十大罪之一。

2. 第二代主人：固伦和孝公主、庆郡王永璘

固伦和孝公主，乾隆的小女儿，嫁予

恭王府锡晋斋内景

和珅之子丰绅殷德，和珅被赐死后仍住恭王府。庆郡王永璘，乾隆第十七子，嘉庆胞弟，"爱豪宅不爱江山"，与丰绅殷德夫妇同期分住恭王府，1820年病逝。

永璘于嘉庆四年正月（1799年2月），被封为郡王，是为庆郡王。永璘在作皇子时，就早已觊觎和珅的宅第了。据说，永璘在与众兄弟相聚时曾言：即使皇帝多如雨点，也不可能落到我的头上，我只求诸位兄弟怜我，将和珅的宅第赐予我，我也就满足了。

嘉庆四年（1799年）三月，和珅被赐死之后，嘉庆皇帝就把和珅之宅赏给了久已渴望此宅的庆郡王永璘。在永璘住进去之前，内务府按照郡王府的规制进行了改建。由于府内还须住乾隆最小的女儿固伦和孝公主和只准在京闲住的散秩大臣、额驸丰绅殷德，庆王永璘只能占用一半或多一半作为府邸。道光三年（1823年）九月固伦和孝公主死去（丰绅殷德已于嘉庆十五年死去），整座府邸才全归了庆王府。这时永璘已经死去三年多了。

3. 第三代主人：爱新觉罗·奕訢

恭亲王爱新觉罗·奕訢（1833—1898

年），道光皇帝第六子，咸丰帝异母弟。咸丰元年（1851年），咸丰帝遵照宣宗（道光）遗旨，封奕䜣为恭亲王。同年，将辅国将军奕劻的府邸赏给其居住。咸丰二年四月二十二日（1852年6月9日），奕䜣迁入府邸，改名为恭王府，此名由此沿用至今。奕䜣在迁入府邸之前，内务府在原庆郡王府的基础上进行了整修，以便更符合亲王规制。成为这所宅子的第三代主人。光绪二十四年（1898年）四月，奕䜣病逝，王爵由奕䜣次子载滢（时已去世）之子溥伟承袭，继续住在府中，其胞弟溥濡携眷住在园中。

4. 民国时期

恭王府花园喷泉

北海、恭王府花园、景山

清室覆亡后，小恭王溥伟于民国三年（1914年）住到青岛，开始从事复辟活动。由于开支巨大，年年入不敷出，不得已由溥伟将所绘王府蓝图作抵押，向北京天主教会的西什库教堂借大洋三万五千元。当本利滚到二十八万元时，由于无法偿还巨额债款，府邸部分则全部抵给了教堂。后由有教会背景的辅仁大学，用108根金条代偿了全部债务，府邸的产权遂归了辅仁大学。辅仁大学将府邸部分作为女院，并把后罩楼通向花园的通道砌死，府邸和花园被分隔开了。"七七事变"后，溥濡也将花园部分（地面建筑）卖给辅仁大学。辅仁大学将大戏楼改为小型礼堂，并将花园中的花房和花神庙拆掉，建起了司铎书院楼。自此，花园成了辅仁大学神职人员居住和活动的地方。

恭王府花园内的假山

5. 建国后

1950年辅仁大学由中央教育部接办，其后与京师大合并成立北京师范大学。府邸部分则为北京艺术师范学院校舍，后再为中国音乐学院校舍。恭王府府邸由中国音乐学院及附中、中国艺术研究院、中国文联等多家单位作为办公和教学场所。花

恭王府花园内景

园部分则被公安部宿舍、国管局幼儿园、天主教爱国会、文化艺术出版社及北京风机厂等单位使用。

1982 年 2 月 23 日，恭王府被国务院公布为第二批全国重点文物保护单位，保护、修复和全面开放恭王府的工作得到了具体落实。同年，文化部建立了修复管理机构——恭王府管理处，开始进行搬迁和修复工作。2003 年 3 月，恭王府管理处更名为"文化部恭王府管理中心"，将恭王府的管理逐步提上了制度化和规范化的轨道。

（二）特色

1.建筑特色

恭王府花园精美的亭子

　　恭王府由于是在权臣和珅邸宅的基础上改建而成的，和珅当年定罪的二十大罪状中就有关于内檐装修的"僭侈逾制"问题，如其中的第十三款"查得和珅房屋竟有楠木厅堂，其多宝格及隔断门窗皆仿照宁寿宫制度"。因此恭王府的内檐装修在王府文化中别具一格，其所表现的特点尤为突出：

　　规格最高，可与宫殿建筑相媲美。恭王府几座主要厅堂的内檐装修不仅是多宝格、隔断，还可举出仙楼、神殿带毗卢帽的祭灶等装修也与宫廷中别无二致。并有室内假山水池，装修成室内小园林，更是别出心裁。

　　做工精细，技巧高超。从恭王府的装

修遗留物件中可知皆使用硬木，用材异常讲究，加工的木料可以作出细小的截面，雕刻花纹起伏精确，而且使用圆形或曲线拼出各种花格，只有在精细的加工之基础上才能完成，施工难度之大，令人叹为观止。遗憾的是恭王府的原有内檐装修，绝大部分已经无存，今天通过研究王府文化，要进一步将其发掘出来，结合今后的王府博物馆展示要求，再现当年辉煌。

界划灵活，空间丰富。恭王府内各厅堂的空间根据使用功能划分，格局多样，其主要厅堂既有肃穆、庄严的开敞式大空间，又有私密性的小空间；既有对称式的，也有非对称式的，还有可以灵活组合的。有的适合接待高级宾客，有的用于萨满教

恭王府花园长廊一景

北海、恭王府花园、景山

恭王府亭内流渠

恭王府内陈列文物佛像

的祭祀活动，有的适合起居生活，有的作为寝息，不同的空间需求各得其所。

数量较多，形式多样。从样式图中可以看到当年有内檐装修的建筑多达二十余处，而且具有多种类型，如太师壁、宝座床、碧纱橱、祭灶、万字炕、几腿罩、落地罩、炕罩、真假门、仙楼、书阁、多宝格、顺山炕、前后檐炕等。

2．规划布局

恭王府分为平行的东、中、西三路。中路的三座建筑是府邸的主体，一是大殿，二是后殿，三是延楼，延楼东西长160米，有四十余间房屋。东路和西路各有三个院

恭王府建筑一角

北海、恭王府花园、景山

恭王府花园庙香亭

落，和中路建筑遥相呼应。王府的最后部分是花园，二十多个景区各不相同。

恭王府花园在造园手法上既有中轴线，也有对称手法。全园分为中路、东路、西路三路，成多个院落。中轴上依次是园门、飞来峰、蝠池、安善堂、方池、假山、邀月台、绿天小隐、蝠厅。府邸的中路轴线上有两进宫门，一宫门，即王府的大门，三开间，前有石狮一对；二宫门五开间，二门内就是中路正殿及东西配殿，这是王府最主要的建筑，只有逢重大节日、重大事件时方打开。由于府主的一次不慎失火，目前正殿和东西配殿现已无存。其后为五开间硬山顶前出廊的后殿及东西配殿，后

恭王府长廊

殿即为"嘉乐堂"。中路建筑和山水基本对称，东、西两路只是山体对称，建筑不对称。整个园林由六条山龙围合：南面、东面、西面各有两山，中路后部有一山为中龙。

东路以建筑为主。东有两山南北奔趋，两山各在东南和东北转折成围合状。建筑分三个小院，现只剩下两进院落，正房和配房都是五开间硬山灰筒瓦顶，头进正厅名为"多福轩"，用小五架梁式的明代建筑风格，是奕䜣会客的地方；后进正厅名为"乐道堂"，是奕䜣的起居处。由南面靠东院入，抬头是一精致垂花门，入内为狭长院落，院内当年种竹，正厅为大戏楼之后部，西厢为中路明道堂之后卷，东厢为一排厢房，院西为另一个狭长院落。入口月洞门，曰：吟香醉月。

西路建筑小巧精致，中进院正厅五开间，名为"葆光室"，两旁各有耳房三间，配房五间；后进院正厅即是"锡晋斋"，东西配房各五间，东房名为"乐古斋"，西房名为"尔尔斋"。在葆光室和锡晋斋之间，为"天香庭院"。再往后，便是收三路院落为尽头的后罩楼。后罩楼高二层，呈门型，东部为"瞻霁楼"，西部为"宝约楼"，东西贯连一百余间房屋。

恭王府花园名叫萃锦园，正门坐落在花园的中轴线上，是一座具有西洋建筑风格的汉白玉石拱门，名为"西洋门"。门额石刻：外为"静含太古"，内为"秀挹恒春"。门内左右都有青石假山。正对着门耸立的是一长型太湖石，谓为"独乐峰"，其后为一蝙蝠型水池，称"蝠池"，蝠通福也。园内也基本分作东、中、西三路。

中路轴线上在蝠池之后就是一座五开间的正厅，名为"安善堂"，东西配房各三间，东配房为"明道堂"，西配房为"棣花轩"。安善堂后为众多太湖石形成的假

恭王府后罩楼

山，山下有洞，名曰"秘云洞"，洞中有一座康熙皇帝御笔之宝"福"字碑，高约1米，这是花园的中心。假山上有三间敞厅，名为"邀月台"。中路最后有正厅五间，其状如蝙蝠之两翼，谓为"蝠厅"。

东路第一进院落有垂花门，门的右前方有亭，是为"流杯亭"。垂花门内有东房八间（南面三间，北面五间）和西房三间，院北即为"大戏楼"，是王府的观戏处。

西路最前面有一段二十米左右的城墙，其门称"榆关"。榆关即长城的山海关，是长城的象征，素有"天下第一关"之美称，当年，清代皇帝就是从此入关，在园中设此关足以表示园主不忘记清祖从山海关入

恭王府蝠池

北海、恭王府花园、景山

主中原的丰功伟绩。榆关内有三间敞厅，名为"秋水山房"，东面的假山上有方亭一座，名为"妙香亭"，西侧有西房三间，名为"益智斋"。榆关正北有方形大水池，池心有水座三间，名为"观鱼台"，以此来喻庄子濠上观鱼之乐的典故。池北有五开间卷房，名曰"澄怀撷秀"，其东耳房为"韬华馆"，西耳房已不存。

全恭王府以福字贯穿，表明主题明显。山势围合有新意，榆关雄峙也有新意，但东部建筑较多，中部曲廊的围合也不够有机，特别是理水较差。从堆石、建筑、植物、格局上看，突出北方园林特点。

3. 恭王府文化

恭王府花园湖心亭

恭王府展品

王府文化是中华民族传统文化的重要组成部分，是连接宫廷文化和平民文化的桥梁，恭王府是中国现存王府中保存最完整的清代王府，是全国重点文物保护单位，它代表着中国王府文化的精髓。

恭王府博物馆将是一座以历史性建筑和原有藏品为中心的综合性历史文化艺术博物馆。在清代王府原址的基础上建设这座博物馆，与园林、建筑相统一，利用文物、资料、建筑、展览等多种形式，展现独特的王府文化。大量的陈设展览将使游览恭王府不仅是身心的放松，也是一种知识的增加与性情的陶冶。中国文化的深厚底蕴

恭王府博物馆外景

与王府文化的丰富内涵相统一，深沉大气
的府邸建筑与秀美恬静的花园相呼应，怡
神爽心的观光游览与丰富多彩的展览收藏
相结合。

恭王府作为清朝亲王的府邸，其建筑
布局规整、工艺精良、楼阁交错，充分体
现了皇室辉煌富贵的风范和民间清致素雅
的风韵。恭王府展现出了王府的历史沿革
和制度。清代，除皇帝和家眷外，任何人
是不得住进紫禁城的。因此皇亲国戚们都
要建造自己的宅第，以为家居之所，于是，
王府便产生了。王府都分布在内城区里，
今日的北京城里，还有六十余座清代王府，

恭王府简介

而恭王府则是保存最完整的一座。

恭王府展现了王府建筑的艺术特色，作为恭王府的主人，是一等贵族，所以他的府邸不仅宽大，而且建筑也是最高格制，低于亲王等级的王公府邸决不能有此建制，否则视为越制。如果你看到深宅大院的门口耸立着石狮，你马上就可以判定大院的主人是不低于五品的官员；如果你再仔细数一数石狮头上的卷毛疙瘩，你就会进一步认定品极；皇帝门口的石狮上有13排疙瘩，亲王12排，爵位越低，数量递减。此外，通过恭王府，我们还可以认识王府的社会文化生活。

恭亲王为重建花园调集百名能工巧匠，增置山石林木，彩画斑斓，融江南园林艺术与北方建筑格局为一体，汇西洋建筑及中国古典园林建筑为一园，建成后曾为京师百座王府之冠，是北京现存王府园林艺术的精华所在，堪称"什刹海的明珠"。其中西洋门、御书"福"字碑、室内大戏楼并称王府"三绝"。

（一）西洋门

这道门并不是和珅建园子时留下的，而是恭亲王改造时建造的，形制仿圆明园

恭王府朝服

恭王府外小店卖品中国折扇

北海、恭王府花园、景山

五、恭王府景点

恭王府西洋门

中大法海园门所建，是北京仅存一处完整的欧式风格拱门。

这座具有西洋建筑风格的汉白玉石雕花拱门处于花园的中轴线上，是花园的正门。门额上外刻有"静含太古"四个字，内刻"秀挹恒春"四字，意为享太古之幽静，拥满园之春色，体现了深邃浑厚沉雄苍古的意境，蕴涵着道家的思想理念，也可说是对整个萃锦园艺术风格的概括。

据说，这种门当时在北京只有三个，如今只有此门流传下来，因此成为恭王府的一处"绝妙之笔"。

（二）御书"福"字碑

清代皇帝，在每年春节都要亲笔御书大"福"字，赏赐给有功的王公大臣，以表示天子对臣下的恩宠。而王公大臣如能获得皇帝赐赏的"福"字，会喜出望外，受宠若惊，感到皇帝对自己的信任，预示着官运亨通，飞黄腾达。

恭王府的"福"字碑为康熙御笔之宝，位于恭王府花园中路滴翠岩下，隐于秘云洞中，谓之"洞天福地"，这块碑距今已有三百多年的历史。康熙一生酷爱书法，虽然他的书法极佳，却很少题字，所以康

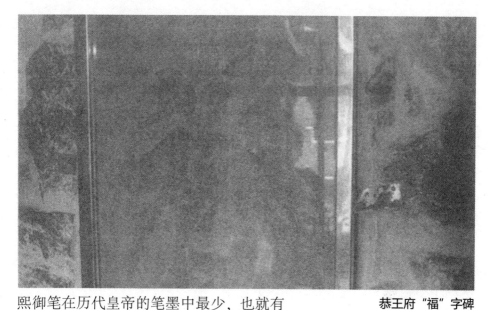

恭王府"福"字碑

熙御笔在历代皇帝的笔墨中最少，也就有了"康熙一字值千金"的说法。康熙对"福"字情有独钟，长期潜心钻研其写法，这或许是因为在古人看来，无论是皇亲国戚还是平民百姓，一生都在追求"福"字的缘故。

纵观康熙皇帝亲笔所书的这个"福"字，刚劲有力，颇具气势，右上角的笔画像个"多"字，下边为"田"，而左偏旁极似"子"和"才"字，右偏旁像个"寿"字，故整个"福"字又可分解为"多田多子多才多寿多福"，而福字底下的田字并未封口，意味着封土无疆，财无止境，由此巧妙地构成了"福"字的含义，极富艺术性，且意味深长。更为珍贵的是碑的右上方，刻有"康熙御笔之宝"的印章以镇福，

恭王府花园蝠厅

因此这个"福"字被誉为天下第一"福"。

（三）大戏楼

这座戏楼是我国现存独一无二的全封闭式大戏楼。恭王府大戏楼，建于同治年间（1862—1874年），是恭亲王的私家戏院。这里除了演戏之外，还是当年恭王府中举办红白喜事的地方。奕䜣生日在农历十月下旬，办生日堂会时需要生火，故大戏楼也被府中人称为"暖楼"。整个大戏楼是纯木结构，采用三卷勾连搭式屋顶，建筑面积685平方米，朱漆雕花隔扇门，四壁彩饰藤萝，高大宏伟，气势不凡，是王府花园中举架最高、跨度最大、面积最大的建筑。

据说是清朝南方的官员为讨得恭亲王

恭王府大戏楼

的欢心，特请南方的能工巧匠精心建造的。由于南北方气候的差异，纯木结构的建筑在北方历经一百余年至今保存完好是非常少见的。由于建筑结构合理，大楼具备良好的音响效果。楼内不装扩音设备，完全凭借演员的本色发音，因此音色纯正自然。就算处在大堂最边远的角落，戏台上的唱词也听得清清楚楚，这在设计上确实到了绝妙的境地。近年来，这里还多次为各国使团、国家元首及国内外著名商社团体举办豪门宴会，上演《大闹天宫》等著名剧目。

（四）滴翠岩

滴翠岩是以太湖石叠砌而成，位于安善堂北侧。山顶湖石形如二龙戏珠，东西龙头下各卧藏带孔水缸，夏秋二季蓄水缸内，水渗山石，遍生苔藓，苍翠欲滴，故名"滴翠岩"。假山正中有一康熙皇帝为其母祝寿写的"福"字碑，这是恭王府的"三绝"之一，碑石长7.9米，贯穿整座假山。

滴翠岩设计水平之高，砌作技术之精，为恭王府花园所独有。此假山是用糯米浆砌筑而成的，非常坚固，山上置两口缸，缸底有管子通到假山上，通过往缸中灌水的办法来增加院中的湿度，过去整个假山上都长满了青苔。岩下有一长方形小池，原与方塘之水相连。池中三组叠石，意为蓬莱、方丈、瀛洲三个仙岛。

恭王府花园戏楼表演

（五）嘉乐堂

清代王府正殿后面的大殿是神殿，为王府举行萨满教祭祀仪式的场所。满族的传统宗教为萨满教，清宫和王府都建有举行萨满都传神仪式的神殿。紫禁城内的神殿为坤宁宫，王府神殿仿效坤宁宫，在恭亲王时期，嘉乐堂主要作为王府的祭祀场所，内供有祖先、诸神等的牌位。在嘉乐堂殿，有祭祀用的灶台和俗称"万字坑"的祭台，与坤宁宫内的布局相似。

滴翠岩

恭王府神殿的门头上悬挂"嘉乐堂"扁额，因此把此殿称作嘉乐堂。该匾疑是乾隆帝赐给和珅的，但匾额无署款，无钤记，故无由证实，但和珅留有《嘉乐堂诗集》，说明是和珅之室名。

（六）锡晋斋

锡晋斋为乾隆朝大学士和珅仿紫禁城宁寿宫所建，用楠木装修出精美的两层仙楼，这种逾制的装修成为嘉庆皇帝给和珅定的死罪之一。

庆王府与老恭王府期间，曾名"庆颐堂"，俗称楠木殿。锡晋斋一名为小恭王溥伟所起，　因王府收藏极其珍贵的西晋陆机《平复贴》，并藏于此殿，因而把此殿命名为"锡晋斋"。锡晋斋的东、西

嘉乐堂

锡晋斋为和珅仿紫禁城
宁寿宫所建

厢房是恭亲王存放古玩之所,东厢房叫"乐古斋",西厢房叫"尔尔斋",意思是这些古玩与锡晋斋所藏的"平复帖"比较不过"尔尔"而已。

(七)葆光室

葆光室是恭亲王奕䜣的内宅会客厅,门面头上挂有咸丰皇帝御笔所赐"葆光室"匾额。其室内保存完好的木天花,被专家学者所推崇。恭亲王奕䜣病逝时,慈禧太后和光绪皇帝曾来葆光室处理奕䜣后事。

葆光室的主殿及东、西厢房前均有回廊,连续贯通。葆光室所在的院落是府内唯一完全由回廊环绕的院落。

(八)榆关

花园西路之门,是一段有二十多米长的城墙,城墙上有堞口,门洞北墙石额上书写着"榆关"二字。有专家认为,满洲贵族在取得全国统治以前,生活在山海关以北的广阔土地上。与明朝的政治、经济往来都必须通过山海关。后又在山海关下与明朝军队进行了数年的拉锯战,是明将吴三桂引清兵入关才取得天下。园子的主人站在榆关的城墙上向北看,有遥望、怀念故土之意，也有的园林专家认为是"移天缩地在君怀"的园林艺术。

（九）独乐峰

正对花园正门，是高约五米的北太湖石之孤赏石，有点缀园林，不使园内美色尽览之功效。其形状由自然风化而成，线条流畅，蕴意无穷，园林专家认为它可同时起到影壁和屏风的作用。石之命名"独乐峰"，或许套用司马光"独乐园"之意。抬头仰望，只见"乐峰"二字，而"独"字隐于石的顶端，这种方法耐人回味。"独乐峰"由于多年风化已经形成一种自然美，

榆关

恭王府景点

恭王府花园独乐峰

像软水旋涡，像淡云舒卷，古朴典雅而又富有诗情画意。

（十）蝠厅

园中路的最后一座建筑。因其形状像展翅飞翔的蝙蝠，故名"蝠厅"，也是出于祈福的用意。由于此建筑构成一个蝠形平面，因此有人说"此厅自早至暮皆有日照"，被誉为"北京古建筑只此一例"。据说恭亲王奕䜣常在此和总理各国事务衙门的大臣谋划军国大事。恭 亲王之孙，著名书法家溥儒（溥心畲）曾在蝠厅居住、作画。

（一）"福"字碑的来历传说

据说，康熙十二年（1673 年），孝庄太后六十大寿将至，不料突染沉疴，太医束手无策。百般无奈之际，康熙查知上古有"承帝事"请福续寿之说，意思是真命天子是万福万寿之人，可以向天父为自己"请福续寿"，遂决定为祖请福。在沐浴斋戒三日之后，一气呵成了这个倾注了对祖母挚爱的个"福"字，并加盖了"康熙御笔之宝"印玺，取意"鸿运当头、福星高照，镇天下所有妖邪"。

六、恭王府相关资料

福字碑

福字碑位于花园中路滴翠岩下的秘云洞，为清圣祖康熙皇帝的御笔，刻有"康熙御笔之宝"的印章。康熙于书法造诣精深，但很少题字，所以此"福"字极其珍贵。其字苍劲有力、颇具气势，可分解为多田多子多才多寿，构思巧妙，堪称天下第一"福"。

The "Fu" Stele (Fu Zi Bei)

石刻上讲述了"福"字碑的来历

说来也是神奇，孝庄太后自从得到了这"福"字，神清气爽，百病全消。而孝庄也因此碑的灵气而成为清朝最长寿的一个皇后。为了永久保存这幅世上独一无二的"福"字，孝庄太后亲自下令将其刻为石碑，成为皇家至宝。由此，这吸天地之灵气、集万千宠爱于一身的"福"字碑诞生了。

（二）扶手椅

扶手椅是清代晚期民间家具，种类有罗汉榻、长椅、方桌、扶手椅、茶几等。扶手椅高98厘米、宽48厘米；茶几高79厘米，宽41厘米。用材均为红木，椅背、扶手和茶几边缘牙板上均以浮雕或透雕刻饰着"福""寿""喜上梅梢"等主题纹饰，纹饰全部镶嵌螺钿。螺钿，取材于蛤壳，加以磨薄磨光，然后按构图嵌入器物中。此工艺起源甚早，明清时期开始用于家具制作，清代晚期尤其流行。有些椅面或椅背还同时嵌有纹理漂亮的大理石。虽然这批家具不是用紫檀或花梨等名贵木材制作的，但由于这些辅助材料和工艺手法的加入，却使得原本典雅质朴的红木家具平添了许多华贵气息，体现出清代家具制作繁缛、富丽堂皇的风格。

（三）多福轩

多福轩原为王府东路二宫门内的第一组完整四合院，由正殿、正殿东西耳房、月台、东西厢房、厢房南耳房等组成；正殿及东西耳房为硬山卷棚顶、上覆灰色筒瓦、垂脊带兽，前后檐均绘有彩画做装饰；其中正殿面阔五间前后出廊、殿前月台方砖墁地，东、南、西各有石台阶一处；月台南部现存古藤两株。

恭王府作为一个大型宅第应始自和珅，东路"多福轩"应为和珅家人的起居之所；乾隆五十四年固伦和孝公主下嫁和珅之子，根据有关史料和古代传统习俗推

恭王府多福轩

恭王府相关资料

恭王府多福轩内景

测和珅应将"多福轩"等东路院落作为公主下嫁后的生活居所；和珅获罪后西路居所赐予庆郡王永璘，并且东路建筑内发现的高等级彩绘也证明，"多福轩"等东路建筑应是由固伦和孝公主一直居住到去世。庆王府时期，"多福轩"被回收后究竟由何人使用，因资料匮乏尚不得而知。恭王府时期，"多福轩"成为奕䜣在王府中的会客之所，据传恭亲王曾与李鸿章在此接见过英、法联军谈判代表，商谈《北京条约》，具有特殊的历史价值。溥伟承袭爵位和府邸居住至清朝灭亡，为还清复辟清朝所欠债款，溥伟不得已将恭王府房产变卖给天主教会学校。辅仁大学期间，"多福轩"成为其女院图书馆。

（四）恭王府畔"厉家菜"

恭王府东侧有一条羊房胡同，里面有一家闻名海内外的餐馆——厉家菜餐馆。

餐馆现任主人是厉善麟先生。厉家菜属宫廷菜，其配方和制作技术均为祖传。清朝同治和光绪年间，厉善麟祖父厉子嘉任内务府都统，深受慈禧信任。专职主管皇宫内膳食。慈禧垂帘听政，吃饭也要和皇上在一起，其每餐之菜式都在一百种左右。此时，厉子嘉的任务就是统一管理皇宫里的这些膳食，每日制定菜单，到膳房查看烹饪质量等。慈禧和皇帝吃的每一道菜，都要经他品尝，于是，久而久之，他便成为美食专家和烹饪高手了。

后来，厉子嘉把许多宫廷菜配方和做法教给了儿子厉俊峰，然后又传给了孙子厉善麟。厉善麟对厨艺烹调亦极具天赋，在继承祖传技艺的基础上，又结合现代营养和自己的体会不断有所创新。例如，他

闻名京城的厉家菜就坐落在羊房胡同 11 号

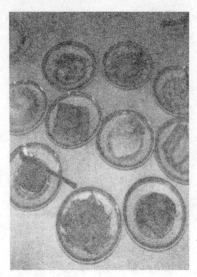

厉家菜

所仿制的慈禧日常食用的"燕翅席""就更加别致：第一道为小菜，计有炒咸杂、酱黄瓜、虾子芹心、芥菜墩、北京熏肉、风干鸡、琥珀桃仁、桂花糖藕、玫瑰小枣、炒红果等；第二道为熟菜，计有黄焖鱼翅、白扒鲍鱼、软炸鲜贝、浇汁活鱼、烧鸭和清汤燕菜等；第三道是汤和甜食，计有鸟鱼蛋鸡汤、炒蛋羹、核桃甜酪等。

餐馆内的主菜有糖醋排骨、油菜扇贝、酱汁肉、宫保鸡丁、素烧茄子、凤尾大虾、浇汁桂鱼、烧北京鸭等，每一道菜都经过精心加工而来。这里曾吸引了不少名人及外国游客来品尝，来者无不对其赞赏有加。

景山公园是国家4A级景区、全国重点文物保护单位，位于北京城的中心，南临金碧辉煌的故宫博物院，北面与鼓楼相望，是紫禁城北的屏障。景山是我国历史最悠久、保存最完整的宫苑园林之一。景山公园占地32.3公顷，古建筑面积5000平方米，原为元、明、清三代的皇家御苑，已有近千年的历史。景山高耸峻拔，树木蓊郁，风光壮丽，为北京城内登高远眺、观览全城景致的最佳之处。景山一名是清初改称的。山上的五座亭子，为乾隆年间

七、景山公园简介

景山花园雪景

兴建。当时山上丛林蔽日，鹿鹤成群，生机盎然，极富自然野趣。山下遍植花草、果木，有"后果园"之称。封建帝王常来此赏花、习箭、饮宴、登山观景，是一座优美的皇家花园。

由于景山园林自元代起划为皇宫的重要组成部分，所以所有建筑都按照皇宫规制建造，等级之高，形态之异，原貌保持之完整，确为少见。景山公园内的主要建筑有三座园门（景山门、山左里门、山右里门）、祭祀孔子的绮望楼、五座峰亭（观妙亭、周赏亭、万春亭、富览亭、辑芳亭）、景山山后的寿皇殿、东侧的永思殿和观德殿以及护国忠义庙（即关帝庙）。园内现有古松柏千余株，种植牡丹、芍药等花卉几万株，三季花团锦簇，四季松柏常青。加上经常举办花卉、盆景展览和各种文化活动，这座古老的皇家园林充满了新时代的生机。

近些年，在"文化建园"方针的指引下，景山公园的面貌发生了很大的变化，每年举办的牡丹展、荷花展、秋实秋菊展，以其艳美的花色、温馨的环境、浓郁的文化和鲜明的特色吸引着中外游客。今天，每

景山花园牌坊

年大约有两百万左右的中外游客到景山公园参观游览，尤其是在秋高气爽的八、九、十月，人们来到景山登高远眺，西山逶迤，若隐若现；太液秋风，波光粼粼；殿宇嵯峨，诉说沧桑；新楼拔地，展示未来。景山特有的文化、特有的地理位置、特有的观赏视角，让游人驻足观赏，流连忘返。

辽代时，幽州被定为南京。辽太宗耶律德光在北海建瑶屿行宫，将开挖北海的泥土，分别堆叠在如今的景山与琼华岛两个较大的土丘之上。

元代皇帝忽必烈将景山园林划为皇城的重要组成部分，是皇城之内的御园，当时园称为"后苑"，山称"青山"。在此修建了集祥阁、兴庆阁，在山上植松柏、

景山公园内盛开的梅花

建绿亭。

明代，景山园林已是"林木藏翳，周多植奇果，名百果园"，山称"万岁山"。据传明代兴建紫禁城时，曾在此堆放煤炭，故有"煤山"俗称。明永乐年间，将开挖护城河的泥土堆积于此，砌成一座高大的土山，叫"万岁山"。由于它的位置正好在全城的中轴线上，又是皇宫北边的一道屏障，所以，风水术士称它为"镇山"。皇帝在山后修筑了奉先殿，用以祭祀祖先；建筑了观德殿，用以演武和观察子孙德行，同时建永思殿、护国忠义庙等；又植百果，栽牡丹，修观花殿等以游春赏月。1644 年李自成攻破北京城，崇祯皇帝在景山自缢。

景山公园内的玉兰花

清顺治年间，万岁山改称为景山。乾隆年间在山前修建了绮望楼。依山就势在山上建筑五方佛亭，中心建有万春亭，东侧依次建有观妙亭和周赏亭，西侧依次建辑芳亭和富览亭。在山后改建了富丽辉煌的寿皇殿建筑群，包括寿皇门、寿皇殿、东西配殿、碑亭等。并设景山东坡崇祯皇帝自缢处，立下马碑，为景山增添了浓厚的人文气息。乾隆年间景山的建筑达到最辉煌鼎盛的阶段。

1928 年开辟为公园。1949 年后，进行修葺和全面修建，辟为景山公园。1957 年北京市人民政府将景山公园列为第一批古建文物保护单位。近些年，在"文化建园"方针的指引下，景山公园的面貌发生了很大的变化，先后建成银杏园、海棠园、牡丹园、桃园、苹果园、葡萄园、柿子林。

（一）园门

景山公园有 3 座园门。景山门，位于北京故城垣中轴线上，是公园的南门和正门。其南为故宫北门（神武门），其北为

景山公园雪景

景山公园建筑的黄色琉璃瓦墙

园内绮望楼，坐北朝南，黄琉璃筒瓦歇山顶，面阔5间，进深3间。山左里门，公园的东门，坐西朝东，黄琉璃筒瓦歇山顶，面阔3间，进深1间。山右里门，公园的西门，坐东朝西，形制与山左里门相同。

（二）绮望楼

绮望楼坐落于景山公园南门内，建于清乾隆十五年（1750年），距今已有二百多年的历史。绮望楼为五大开间，分

北海、恭王府花园、景山

八、景山公园景点

上下两层，高15米，宽20米，进深12米，建筑面积达480平方米。整座楼依山而筑，楼阁三楹，建造华美。楼前有宽敞的月台，月台下的四周环绕着汉白玉石栏，整体建筑金碧辉煌。此处原是清代乾隆年间大兴儒学时，供奉孔子牌位的地方。朝廷在绮望楼供奉孔子牌位，是为了表示崇尚儒学，以便官学堂的学生们敬仰师祖，勤奋学业。在该楼东南侧，清代时曾建有八旗子弟学校，可惜的是，今已荡然无存。

（三）山脊五亭

景山由五座山峰组成，高43米，为旧时北京城内的制高点，东、西、北三面砌有登山道。山顶五亭建于清乾隆十五年（1750年），造型优美，秀丽壮观，自东

景山绮望楼近景

北海、恭王府花园、景山

北京景山公园的亭子局部

向西依次为观妙亭、周赏亭、万春亭、富
览亭、辑芳亭。

万春亭居于景山正中最高峰，相对高
度为45.7米。万春亭坐落在中央，高17.4米，
它是一座方形、三重檐、四角攒尖式的黄
琉璃瓦绿剪边亭，由内外两圈共32根柱
子支撑，气势雄伟，造型优雅。万春亭坐
落在北京城的中轴线上，为旧时北京城内
的中心点和最高点，登临这个亭台，纵目
远眺，俯瞰北京，全城风貌尽收眼底。万
春亭被誉为"京华览胜第一处"。万春亭
里供奉着一尊毗卢遮那佛，原供奉的佛像
已被捣毁。现在的佛像是1998年重塑归安
的。

景山公园万春亭

万春亭建于明嘉靖十二年（1533年）。《清宫述闻》记："浮碧亭南为万春亭。"按："亭清咸丰时重建（1851—1861年），亭内供关帝像。"万春亭构造精巧典雅，亭子的平面为方形，四面出抱厦平面呈今形。但亭的最上层却为圆顶，这可能是仿"天圆地方"说。圆攒尖顶上瓷黄色竹节琉璃瓦，明代称为"一把伞"，矛瓦上小下大，一块一块拼瓷起来的瓦陇。琉璃宝顶饰有龙凤图案，上覆镏金伞盏，两侧有云状饰物，十分华丽。柱、额枋、斗拱油饰彩绘，金碧辉煌，造型纤丽，为园内造亭之精品。

万春亭两侧是两座双重檐、八角形、绿琉璃瓦亭。西侧的称为"辑芳亭"，东侧的称为"观妙亭"。两亭外侧还有两座圆形、重檐蓝琉璃瓦亭，西为"富览亭"，东侧的名叫"周赏亭"。旧时，每座亭内均设有铜铸佛像一尊，总称五位神，又称五味神，即代表酸、苦、甘、辛、咸五味的神灵。1900年被八国联军掠走四尊，当中的一尊被毁，如今亦不知去向。五亭矗立于山脊，中高侧低，主从分明，左右对称。更兼梁柱飞檐，绿树环抱，蓝天相衬，犹如一幅壮阔、精美的图画。游人至

此，必奋力登攀，以一睹首都壮丽迷人的
无限风光为快慰！

（四）寿皇殿

寿皇殿是位于景山正北面的一组建
筑，有正殿、左右山殿、东西配殿，以及
神厨、神库、碑亭、井亭等附属建筑。垣
墙呈方形，坐北朝南。外有4柱9楼木牌
坊3座，分东、南、西三面，均为琉璃筒
瓦庑殿顶。该殿始建于明代，当时只不过
是皇帝的一个普通游幸地。清代康熙皇
帝把寿皇殿作为检查射箭的场所。清乾隆
十四年(1749年)进行改建，作为清代的
祭祖处，殿内曾经供奉有清朝历代祖先神
像。

万春亭构造精巧典雅，被誉
为"京华览胜第 处"

景山公园景点

景山北麓寿皇殿全景

该殿覆黄琉璃筒瓦重檐庑殿顶，上檐重昂七踩斗拱，和玺彩画。面阔9间，进深3间，前后带廊，前有月台绕以护拦，前、左、右各有12级踏步，前正中有御路，雕二龙戏珠。檐下明间悬满汉文"寿皇殿"木匾额。衍庆殿、绵禧殿为寿皇殿的东西配殿，均为黄琉璃筒瓦歇山调大脊，面阔3间，进深1间，前后带廊。重昂五踩斗拱，旋子彩画，四周有石护栏。

该殿仿太庙建造，不仅规模宏伟，布局严谨，庄严肃穆，而且整个建筑自成一个完整的格局。解放后，该殿被辟为北京市少年宫。

（五）永思殿、观德殿

永思殿、观德殿位于寿皇殿东面。永思殿原为祀祖场所，新寿皇殿建成后，渐改为清代帝后停灵之所。它自成一院，坐北朝南。前为永思门，面阔3间，进深1间，通宽13.8米，通进深8.1米。永思门东西配殿各3间。永思殿面阔5间，进深3间，现已无存。永思殿东西配殿各3间。

观德殿始建于明代万历年间，在明清两朝，都是皇家办理丧事和追悼祖先的场所。"观德"，即"观瞻祖先之遗德"的含意。观德殿现为少年宫图书馆。

现存完好的观德殿，黄色琉璃瓦歇山顶，面阔 5 间，进深 3 间，四面外檐均绘有"旋子彩画"，是仅次于"和玺彩画"的第二等级的皇家建筑装饰画种。

观德殿前檐的五幅，"枋心"画面，西端一幅绘有冒着浓烟的火车头牵引着列车疾驶，背景有车站和站台，东端一幅绘有骏马奔驰在乡间大道上，背景有农田和工厂，这叫"工人阶级是革命的火车头"及"工农业生产一日千里"。正中一幅是一轮红日跃出大海，寓意为"东方红，太阳升"。

寿皇殿现为北京市少
年宫

观德殿后檐的五幅"枋心"画面，西起第一幅为一队解放牌大货车行驶在农村大道上，这叫"支援农业"；第二幅为民族宫和民族饭店；第三幅为北京站；第四幅为农展馆；第五幅为巨轮破浪前进，这在当年寓意为"大海航行靠舵手"，是最常见的绘画题材。观德殿东檐的一幅画面，是万里长城；西檐的一幅画面，是拖拉机开进滚滚麦浪中。这些彩画，色彩艳丽、气势雄伟，展现出时代的特色和绘制者不凡的功力。

观德殿垣墙大门

（六）护国忠义庙

景山的护国忠义庙始建于明代，俗称关帝庙，在观德殿的东侧，为前后两重院落，建筑面积为1560平方米。前院内有四棵高大的古柏，东西两侧建有配殿。后院内正殿3间，配房6间，殿门前也是古柏参天。原来的院墙和庙门曾在20世纪50年代前后被拆除。在清代的《宸垣识略》中记载："护国忠义庙在观德殿东，塑关帝立马像。林木阴翳，周回多植奇果。"

（一）牡丹花展

景山公园牡丹久负盛名。每年谷雨前后，春光明媚，园内万株牡丹、芍药竞相开放，姚黄魏紫、粉白黛绿、烂若云霞，与万春名亭、红墙古柏交相辉映，美丽的景观吸引着众多的花卉爱好者和中外游客。

牡丹是中国十大名花之首，被誉为"国色天香""花中之王"，它花朵硕大，雍容华贵，深受人们的喜爱，有着集色、香、韵三者之美的独特神韵，成为和平幸福、繁荣昌盛的象征。景山栽培牡丹的历史最早可追溯到明朝。《明官史》中曾有景山牡丹的记载，建国后景山牡丹得到了全面

九、景山公园相关资料

景山公园牡丹久负盛名

的保护和开发，特别是近年来，公园加大了牡丹栽培养护的技术力量，重视牡丹特色文化的开发，积极引进名优品种，使得牡丹花展成为景山公园又一大特色。

景山公园牡丹展于每年 4 月底与广大游客见面，持续到 5 月中下旬。景山公园内，现已种植牡丹、芍药二万株，约二百多个品种。这里既有皇家御园传统的牡丹名品，也有久负盛名的洛阳牡丹、荷泽牡丹，还有珍稀的紫斑牡丹、日本牡丹，可以说景山的牡丹基本涵盖了牡丹花的八个色系、九个花型，荟萃了华夏大地乃至世界牡丹的众多品种。

景山牡丹因"花大、色艳、株高、龄长"而名冠京华。花王"姚黄"瓣似着蜡，金黄绚丽，花后"魏紫"艳丽娇媚；"二乔""娇容三变"花色奇异；"酒醉杨妃"艳若童面，"豆绿"牡丹雅奇俊俏，黑牡丹"青龙卧墨池"更是别具风姿。精品牡丹园内的一些高龄"牡丹寿星""牡丹花树"生机盎然，花繁叶茂。还有朱砂、葛巾紫、洛阳红、昆山夜光等等，赤橙黄绿，多姿多彩。正如诗人刘禹锡在《赏牡丹》一诗中所形容的："庭前芍药妖无格，池上芙蕖净少情。惟有牡丹真国色，花开时节动京城。"

景山牡丹名冠京华

（二）崇祯帝殉国槐

观妙亭下，有一株老槐树，这是景山公园一处著名的人文景观。相传这里是明朝崇祯皇帝自缢的地方。

因明朝末年政治腐败，社会黑暗，豺狼当道，民不聊生，从而导致人民揭竿而起。1644 年农历三月十八日，李自成率领农民起义军攻进了北京城。大明朝的最后一个皇帝崇祯帝（朱由检）见大势已去，在走投无路的情况下，逼死皇后，砍杀昭仁公主等，仓皇逃到景山东麓，以发遮脸，吊死在这棵驼背的老槐树下。当时，他的大太监王承恩也陪着他一起自尽。清军入关后，为招降明廷官吏，称这棵槐树为罪

传说中的崇祯帝殉国槐

槐，用铁链加锁，并规定清室皇族成员路过此地都要下马步行。

　　不过，原来的古槐树早已枯死，后被移除，现在的这棵槐树是后来重新栽种的。